BANGOVER

@kikomakenro

Reservados todos los derechos. No se permite la reproducción total o parcial de esta obra, ni su incorporación a un sistema informático, ni su transmisión en cualquier forma o por cualquier medio (electrónico, mecánico, fotocopia, grabación u otros) sin autorización previa y por escrito de los titulares del *copyright*. La infracción de dichos derechos puede constituir un delito contra la propiedad intelectual. (Art.270 y siguientes del Código Pena).

© Francisco Javier Ortiz Giraldo, 2018
© de la edición en papel, Francisco Javier Ortiz Giraldo
Ilustradora de la portada : Marlem Canton

BANGOVER

Francisco Javier Ortiz Giraldo

PRÓLOGO

Bangover, parece nombre de ciudad importante o incluso el nombre del nuevo videojuego que arrasará en el mundo entero, pero no.

¿Cuántas veces habéis sentido dolores musculares al día siguiente de tener relaciones sexuales? Sea cual sea la respuesta, Bangover hace referencia a la resaca sexual, ese estado que te deja una buena noche de fiesta con los amigos hasta el punto de beberte hasta el agua de los floreros, pues lo mismo, pero follando.

Dicho esto, en Bangover encontrarás una primera parte dedicada a microrrelatos eróticos, microrrelatos que evocan a un momento concreto, una situación, un sentimiento o una historia breve de un encuentro fortuito. Por otro lado, tendrás la segunda parte, esta es más poética por donde recorreré a veces de forma sutil, otras de forma brusca, pequeños mundos que habitan en nuestras fantasías sexuales dando el espacio necesario para que la imaginación haga de las suyas y nos olvidemos por un rato del resto del mundo, aunque sea para ponernos cachondos.

MICRORRELATO(X)

Tu cuerpo pide guerra y yo voy armado hasta los dientes. Aviso

PRINCESAS

Ahí estaba la chica de la falda corta y los besos largos, en mi cama, con las piernas bien abiertas, deseando romperse la ropa y deshacer la cama.

Esperando que le metiera mis promesas de borracho en aquella sonrisa perversa. Sin saber ni cómo había conseguido que llegara hasta aquí pero ahí estaba la chica de la falda corta, mordiéndose el labio, oliendo a perfume de año nuevo y con el pelo suelto, treinta euros de peluquería para acabar despeinada, pero que guapa.

Y allí estaba yo, con mi chaqueta americana en el suelo, el pantalón en una silla y desabrochando mi camisa. No me dio tiempo. Cuando quise percatarme tenía los ojos en blanco y aquella boca dándome un feliz año. Sus manos ya me habían arrastrado a la locura y la falda corta no era más que un trapo a la deriva. Me tumbé temblando sobre aquel cuerpo frágil mientras ella con fuerza arañaba mi espalda, era salvaje y delicada.

Desató todo su imperio sobre mí y al día siguiente la chica de la falda corta se marchó como se marchan las princesas, en un taxi, despeinada y descalza.

AHOGANDO CICATRICES

Quiero follarte lento hasta ahogar las cicatrices de tu pasado. Follarte sin tabús ni tapujos, en lugares prohibidos, arrojándole a la vida algo de descaro.

Quiero follarte desnudo y vestir el alma con el traje del vicio de los valientes que cruzan las fronteras sin mirar atrás.

Quiero follarte hasta sentir que estás dentro y perder la calma, romper la cama, tirar tu falda, morder la almohada, arañarnos la espalda, enloquecer en tu boca, respirarte sin miedo, quiero follarte sin plásticos, sin agobios, pobre, con lo justo, follarte rico, como arte, como palabra, como amantes, como amigos y follarnos la vida para sentirnos vivos, follarnos tanto que terminemos haciendo el amor sin prejuicios.

POR SORPRESA

Que entres por sorpresa, sin llamar a la puerta y me descubras desnudo en una esquina de la habitación con el corazón en una mano y en la otra, la varita mágica de los malos deseos.

Que entres volviéndote loca, deshaciendo la cama, jugando a ser gatita rabiosa y arañes de un zarpazo mis prejuicios de niño bueno.

Que te encuentres mis miedos bajo la almohada y soples, mientras aprovecho y te pellizco el culo.

Me encanta como te queda mi camiseta.

Que entres y te vuelvas valiente, caliente. Que nos sobre ropa y tiempo. Que asesines mi boca con besos y bajes por mi ombligo al ritmo de versos y canción.

Que me bailes como si tu cintura fuera fuego a punto de prender estas ganas de ti y dejar que todo se haga ceniza para que el viento nos lleve lejos.

Que me tiemblen las piernas si te miro y me ría por no gemir. Lo único que te pido que me dejes guardar el corazón en el cajón, es lo único que no quiero que arda esta noche.

BANGOVER

Ella estaba recién salida de la ducha de aquel hotel de playa, le sorprendí por detrás en un segundo y en un suspiro absorbió mis ganas. Cerró los ojos por lo que pudiera venir mientras jugué inocente con sus pechos como un niño con juguete nuevo.

El pelo le olía a vainilla, no pude dejar de olfatearla durante un rato, como un perro cuando sale a la calle y es que hay olores que despiertan los instintos y uno solo desea sentir ese fuego deslizándose entre sus orificios nasales, eso me pasaba a mí, que era incapaz de resistirme, solo deseaba que aquel olor penetrara mis entrañas, sin resistencia, como un imán que atrae con fuerza bruta su polo opuesto.

No quedaba más alcohol en el minibar y cuando me dispuse a llamar al servicio de habitaciones me agarró la muñeca, me tumbó en la cama y me dijo al oído:

— Bebe de mí, sé como emborracharte, y si quieres una excusa para no acordarte mañana, soy perfecta.

Yo estaba desnudo completamente, ella cubierta con una simple toalla enrollada en aquella maravilla de monumento hecho cuerpo de mujer.

Respiré dos segundos como pude con su boca sobre mi cuello y cuando retomé algo de aliento le advertí que a mí me van las bebidas con alto porcentaje de alcohol. Me calló con un dedo como si aquello poco le importara y olvidé de repente mis palabras, como si hubiera entrado en coma etílico.

Cuando recuperé mi ser a la mañana siguiente y abrí como pude los ojos, ella estaba amaneciendo junto a mi espalda y me preguntó sonriente:
—¿Y si nos desayunamos el placer de corrernos de buenos días?

Como negarme si tenía la mejor resaca de mi vida entre mis manos... bendito bangover.

MI ESTANCIA

No sé si venias preparada para el viaje, pero tu piel me parece una buena pista de aterrizaje, sube el vuelo que tres metros sobre el cielo, es poco.

—*Aquí torre de control, nos perdemos.*

Soñaba con decir esto algún día, con adentrarme en el punto *g* del huracán, sin cinturón, pero contigo. Aprovechar las turbulencias para coger aire y no soltarte de la mano si me besas. Viajar por tu boca divisando el mar desde la ventana, ver como a este lado del mundo amanece entre tus piernas y sentir que el sol sale cada vez que abres los ojos. Agarrarme a ti si tengo miedo y dejarme llevar hasta el orgasmo a ras de suelo.

El viaje ha salido perfecto.

Bienvenida a mi país, disfruta de la estancia.

OTRA VEZ

Otra vez la misma mirada, mirada sucia, mirada que intimida, que pone, de esas miradas que no sabes si correr a casa o hacia su boca, de las que te hacen dudar si el sexo es una consecuencia o una perdición, una locura o una obsesión.

Otra vez esos ojos se clavan en mi dejándome paralizado desde el otro lado de la barra. Otra vez rompes la puta barrera de la seducción excitándome los sentidos con solo una mirada mientras te bebes el último sorbo de aquella última copa peligrosa que cada sábado nos deja al descubierto las ganas de hacernos vicio al margen de la ley.

UN JUEGO

Suena una canción de cualquiera de fondo

Ese día todo empezó como un juego, le dije:

Siéntate, voy a agarrarme a tu orgasmo, sin tocarte, tú solo lee. mientras yo iré viajando bajo tu piel, me colé dentro de ti en el primer suspiro. Tengo puesta la velocidad crucero. Tranquila. Voy aún por tu cuello deslizándome hacia tus senos, cogeré aire en la punta de tu pezón, siénteme, estoy dentro.

Tus pechos arden, pero no quiero quemarme todavía en estos dos volcanes. Pasearé como se pasea por la orilla de un mar de lava hacia tu ombligo, sigo dentro. ¿Me sientes?

Voy lento a paso firme por tu vientre y ya casi huelo la luz blanca al final del paraíso.

Tú cierra los ojos, déjame que me abrace a él para que salgamos danzando una balada, cierra fuerte los ojos, nos quedan centímetros, un minuto de canción, tú espérame con tus manos llenas vicio. Hunde tus dedos y déjate llevar por el último baile, deja que suenen las trompetas y tambores.

Y así acabó el juego, con ganas de empezar otra vez la canción.

PUNTO EXACTO

Es ese punto exacto en el que cierras los ojos, tu cuerpo se desploma entregándose por completo al placer, sin saber a que agarrarse ni que morder.

Faltan sábanas y almohadas.

Tus dedos buscan estabilidad mientras arañas mi espalda dejando al descubierto mis heridas de guerra, nunca fui de disparar primero.

Mientras te muerdes los labios sabiendo que el desenlace de mi falta de atrevimiento pasa por esa boca que tiene ganas. Conviertes mi presente en algo erecto para dejar el carmín de tus recuerdos en mi futuro rojo.

Me bailas como una evocación a lo prohibido, una provocación más y nos vamos desatados a la casa de los deseos.

Antes pudimos evitarlo, o no, pero en ese punto exacto, todo razonamiento estaba fuera de lugar, era ilógico, y no hay sexo que acabe con tanta filosofía ni mejor cargo de conciencia que el de follarnos la vida a escondidas.

LA CAMISA DEL REVÉS

Ese día se cruzaron por casualidad, como siempre, en el portal, ella con la camisa del revés y él tan formal. Ella decidió que era un buen momento para darle la vuelta a su camisa, y a su vida de paso, allí mismo, con él observándola incrédulo sin perderse ni un detalle.

El ascensor llegó por sorpresa —sexta planta— dijo él con ansias de ganar tiempo. Ella dejó sus miedos aparcados en la escalera, él aguantó la respiración. El ascensor subía, sus bragas bajaban, él quedó en silencio a merced del aire, ella le susurró un gemido, él se dejó la vida erecta al descubierto, el ascensor seguía subiendo, el pulso también, el calor, los temblores, en fin. El se agarró donde pudo, ella se veía guapa y fiera en el espejo, él era un trapo en sus manos, el elevador corría en modo ascendente, ella también, él volcó su placer casi sin respiración, ella explotó justo en la parada, el ascensor abrió su puerta, orgasmo concebido.

Ella con una sonrisa le recordó que regara las plantas y que no dejara la basura en la escalera. Él aun subiéndose la cremallera, asentó sin más.

Los dos iban al primero y segundo respectivamente, pero una camisa del revés puede cambiarte el día y alegrarte la vida, si eres valiente.

FRÁGIL

La vi desnudarse lentamente, sin decirme ni una palabra. Parecía tan frágil con esos ojos llenos de inocencia. Daba igual cuanto sexo hubiera pasado por su cuerpo, para mí era nuestra primera vez.

Estaba nervioso cuando dejó caer su ropa más íntima en el suelo, esas braguitas deslizándose por sus piernas era lo más parecido a parar el tiempo en pleno delirio. A mí me parecieron horas infinitas hasta que tocó tierra, pero no tardó ni veinticuatro segundos cuando me rodeó el cuello con sus brazos y me susurró al oído a saber que, casi pierdo el conocimiento.

Imagínense, yo atado a una silla, y ella, la chica frágil, sentada encima de mis rodillas, con su mirada a cuatro centímetros. Se mordió el labio, parecía de cristal *"no tocar"* pero eso es lo que deseaba ella, tocar y que la tocaran. Me faltaba el aire, pero no me importaba si ella respiraba cerca. Cuando decidió que era suficiente tortura, y bendita tortura, avanzó hasta quedar a milímetros de mi boca y apretó sus piernas. Su rostro cambió de repente. Sus ojos se achinaron mientras sus pupilas se dilataban, hasta su forma de coger aire cambió a quinta y casi suspirando acabó por romperme la cordura.

Intenté recuperar el pulso, pero ella decidió que lo mejor es que su lengua caminara por mi cuello sin dar previo aviso. Quise morderla, pero me esquivó y se clavó de rodillas ante mí con la delicadeza que se prepara el reloj en fin de año en la Puerta del sol.

Y me gustaría contaros que pasó luego, pero cuando volví a ser yo, estábamos abrazados. Volví a mirarla y otra vez parecía tan frágil que aun intento resolver la duda de si fue un sueño o ella rompió todo su sexo sobre mí esa noche.

INEVITABLE

Estaban sentados en el suelo, el final era inevitable. Se miraban y hablaban. Se reían y se volvían a mirar. Decidieron que pararían el tiempo en ese instante.

Él tomó una decisión y mantuvo la distancia, le lanzó una mirada de diez segundos, cuando le dijo:
—Voy a follarte.

Ella sostuvo sus ojos al frente sin parpadear y se mordió el labio, y cuando una mujer se muerde el labio es que algo bueno va pasar.

Se soltó el pelo y puso su gomilla en la muñeca para más tarde, de un plumazo comenzó a besarlo. Él agarro sus mejillas como quien tiene oro en las manos y deslizó sus dedos por el brazo derecho. Prefirió acariciar lentamente aquella joya con el cuidado de los grandes tesoros, le gustaba la forma en que se erizaba la piel a su paso.

Ella comenzó a mover su cintura y a apretar sus piernas como podía, bajó suavemente al cuello y subió de nuevo buscando su boca. A él le sobraba ropa y se deshizo de ella como pudo. Volvió a mirarla a los ojos y se lo repitió: —*Voy a follarte.*

Ella no sentía miedo, en el infierno todos han pecado y todos los corazones arden. Ella ya había colocado sus demonios bajo sus pechos y llevó su mano dirección al paraíso. Él contuvo la respiración y le dijo mordiéndole la boca:

—*No me sueltes, vamos a volar con cada embestida y el cielo está lejos de aquí.*

HABITACION DESNUDA

Una habitación desnuda, dos mentes, dos cuerpos, una propuesta, una intención, diez segundos de alto voltaje.

Un hombre y una mujer permanecen quietos en medio de aquel cuarto. Él sin parpadear, sin titubear, sin pestañear, se acerca como un león a su presa y le susurra al oído su propuesta y deseo: — *Quiero que seas mi secreto, mi puta y mi sumisa* —el guantazo no se hizo espera, el silencio se acomodó en aquella habitación por momentos. Él esbozó una leve sonrisa como si nada, sin apartar sus ganas sobre ella. Como quién ve comer palomas en un parque. Ni se inmutó, solo el instante en que las comisuras de su boca no pudieron evitar elevarse.

— Es un solo un juego. Replicó él. — Si aceptas, debes saber que las putas nunca dicen no, las sumisas siempre obedecen y los secretos van a la tumba.

A ella le recorrió un escalofrío, dos dudas y un volcán de emociones. Sabía que nada malo pasaría en las manos de aquel hombre que no dejaba de mirarla, se sentía intimidada pero a la vez su cuerpo empezó a hervir, se decía a ella misma — *Tranquila es un juego en el que nadie pierde, solo soy puta y sumisa para él, libre en esta habitación, sin un mundo que nos pare ni nos juzgue. Un secreto de dos, unas ganas locas de follar que me hace agua la cintura.*

—Acepto. De repente, aceptó, así de sopetón, el morbo de la situación le superó, estar a merced de aquel hombre que no dejaba de mirarla con lujuria decantó la balanza al lado oscuro, quería sentir todo de él, sin saber exactamente qué, un juego para la que no estaba preparada, con esa incertidumbre que da el miedo, pero con una sensación divertida y excitante.

Ella seguía haciéndose preguntas: *¿Qué malo puede pasar entre dos personas que juegan y se desean? ¿Qué malo hay en la intimidad de estos dos locos que somos nosotros? ¿Qué más da ser puta, sumisa, o un cabrón si los dos aceptamos el camino del placer de un modo diferente? ¿Quién se atrevería a rechazar un juego en el que el orgasmo es la recompensa?*

Ella no desde luego, a partir de aquí, los detalles los omito, no seamos tan curioso. Dejemos todo a la imaginación en libertad, como ellos al decidir jugar, libres.

UNA BALA

Aquella noche, en la casa cuadrada, había una pistola y una bala en la recámara. Los dos sabían que esa bala no podía salir inmune y que uno de los dos saldría herido, como un amor cuando se rompe.

Él tenía sangre en los ojos y ella nervios en las manos, todo estaba en su sitio. A ella le excitaba el acero frío, sentía el sudor en la espalda de saberse a minutos de morir, lo que no entendía porque no había disparado ya, ni el porqué de tanta demora. Él solo respiraba conteniéndose las palabras, sin saber porque no disparaba y huía del lugar del crimen, pero empezó a seducirle la idea de ver una mujer esclava a sus pies. Pero lo justo era disparar, aunque no tenía claro qué tipo de justicia era aquella. La mujer le pidió permiso para quitarse la ropa, pensó que era mejor morir desnuda para no manchar su vestido favorito, como si alguien fuera a heredarlo, él contemplo aquella silueta con deseo, el gatillo empezó a vibrar.

Por si acaso el optó también por quedarse como vino al mundo para no llevarse recuerdos que no fueran en la piel, al fin y al cabo, si disparaba, algún vecino llamaría a la policía y el único sospechoso sería él así que dejar huellas sería un problema menor. *PIUMMM*, un disparo seco alertó a algún despistado en la noche e hizo lo que debía.

No tardaron ni quince minutos cuando los agentes tiraron la puerta, pero algo tuvo que pasar que desconocemos porque cuando entraron no había ni rastro de algún cadáver en aquella casa.

Sólo encontraron una bala desempolvada en el techo y la ropa esparcida por él suelo. No había sangre. Quizás salieron desnudos volando por la ventana y triunfó el amor, porque jamás se supo nada de ellos, aunque en el cielo desde ese día había dos estrellas que ardían más de lo habitual, aunque los cuerpos nunca se encontraron.

Caso cerrado.

NADA DE JUEGUECITOS

Estábamos viendo una película tranquilamente y ya le advertí un par de veces que nada de jueguecitos, pero ella no es de hacer caso y me buscó las cosquillas aún sabiendo que a mí la risa me pone cachondo.

Al primer asalto le lancé un beso y lo esquivó, al segundo cayó rendida y apretó las piernas, cuestión de piel le dije yo, cuestión de tiempo me dijo ella, y no paré hasta estremecerla por completo hasta que todo se nos fue de las manos y en las manos fuera a parar todo el placer.

Sé que deberíamos parar, pero ya era tarde, ella olía a humedad y a mí me iba a explotar la vida allí abajo. Sus dedos buscaban estabilidad emocional y yo tenía el punto de apoyo esperando fiesta.

Mira que le dije que nada de jueguecitos y al final acabamos follando como adolescentes después de reírnos hasta tener un orgasmo que ni ella ni yo, teníamos preparado en nuestro guión. Improvisar una locura se llama eso.

CAPERUCITA

Hay quien cuenta que Caperucita pudo tener otro final feliz distinto. Que cuando salió al bosque como siempre a ver a la abuelita y se cruzó con el lobo, a ella le pareció atractivo. Tenía advertido no hablar con desconocidos pero que mejor que alguien que no conoces para entregarte sin compromiso.
—¿Dónde vas Caperucita? —preguntó el lobo.
—Donde tú me digas — contestó ella.

El lobo aulló con fuerza, esa noche sería luna llena. A Caperucita se le cayeron las bragas al suelo, no de miedo precisamente. Aquel lobo tenía la boca grande y preciosa, con una dentadura perfecta, ojalá me coma pronto, pensó ella en voz baja, los ojos de aquel lobo eran monumentales, su mirada era penetrante e intensa, de las que atraviesan y te hipnotizan. Pero ella que consiguió por momentos de aquel hechizo se agarró al cuello del lobo y comenzó a besarlo lentamente, con la lengua tocando el cielo y el suelo, él a la que pudo agarró la capa roja que sirvió para que las hormigas tuvieran trabajo antes de estorbar. En pocos minutos Caperucita tomó las riendas y con las piernas rodeando su cintura, encima de aquél animal, decidió que dejaría que aquel desconocido la apartara de la rutina.

— Que polla más grande tiene, dijo ella. La respuesta la imaginamos. Pero recordar que Caperucita nunca huyó del lobo, como cuenta la leyenda.

COMBATE DEL SIGLO

¡Señoras y señores!

¡Bienvenidos al combate del siglo!

¡La gran cita del año!

¡Ha llego el día esperado, que suenen las trompetas de guerra!

A vuestra izquierda, con 80 kg de fuego puro, incapaz de ceder la mirada, implacable en el cuerpo a cuerpo, con la piel cicatrizada y el vicio en las manos, el hombre en llamas. Jamás ha perdido un combate y dicen que está loco, él se defiende diciendo que no lo llamemos así porque no comprendamos su manera de luchar.

A vuestra derecha, con 50 kg de belleza espeluznante, acompañada de su ejército de mariposas, animal indomable en el cuadrilátero, un cuerpo curtido en mil batallas, con el corazón roto como escudo y unos labios llenos de rabia de tantos golpes que le dio la vida. Su punto fuerte es morder y la perversión recorre sus poros, ha perdido cientos de veces, pero siempre ha dejando marcas y nunca se rinde, dicen que es muy puta, ella se defiende diciendo que no la culpemos por ser libre, sin más, os presento a la mujer guerrera.

¡ Clin clin clin !

Después de veinte asaltos los dos acabaron KO. Habían esperado mucho este combate, este momento, y rendirse no era el plan, así que, entre bailes y movimientos de cintura, sudando como estaban, con el alma arrebatada, corriendo de un lado para otro, corriéndose uno dentro del otro y el pulso acelerado, sellaron la paz arrojando un beso de paz, de mutuo acuerdo decidieron que lo habían dado todo y el amor para quien lo quiera, que en el sexo no existen ganadores y si los hay, no es sexo, olvídalo.

No hubo revancha, cuando algo es único, no se puede repetir y sólo queda en la memoria.

SABES A PERVERSION

Cariño, vamos a hacerlo rotos de dolor, sin caricias, salvaje. Lo haremos fuerte, sin escrúpulos, oliendo lo prohibido de nuestros gemidos en silencio, con tu boca en mi deseo desatando la locura y la mía en tus ganas de volar sobre mi lengua. Quiero escupirte en los labios.

Me perviertes, y quiero follarte sin romanticismos, duro, sin estrellas ni abrazos, no quiero un paseo si no es por tu cama, ni el placer de ver la luna en cualquier mirador de esta ciudad, que luego me viene con sus nostalgias y melancolías, no quiero llorar si no es de placer. Recomponerme con tus bocados en el cuello y no parar de hundir mis dedos sobre tu sexo.

Vale, paro. Echo el freno. Empecemos de nuevo.

Hagamos el amor, como si nuestros cuerpos fueran el de dos adolescentes, con todos sus miedos e inocencias intactas. Con la curiosidad de los gatos, con la magia de las primeras citas, con las mariposas en las manos volando sobre nuestros vientres y mi en tu oreja susurrando versos de poeta callejero.

Desnudarnos con nuestros dedos torpes, con el olor de aquella primavera de febrero y el sabor de tu piel cuando llueve sin nubes en el cielo.

¿Mejor? Eres mi perversión, no lo olvides corazón.

BORRACHOS Y DESATADOS

Tenían ganas. El alcohol y la noche hicieron el resto. El camarero guasón de la discoteca ya les miró con complicidad cuando les sirvió la última copa. Entraron a duras penas en el portal, saludaron a un vecino entre risas y besos. Llamaron al ascensor que ya estaba abajo, entre golpes consiguieron estamparse contra el espejo y subir hasta la planta deseada.

Encontrar la llave fue un oasis y casi sin querer consiguieron abrir la puerta a trompicones. Ya en casa rompieron una lámpara y consiguieron llegar a la cama como volando, se tropezaron dos o tres veces, con todo antes de poner los cuerpos en tierra firme. No hizo falta quitar la ropa, ella le bajó los pantalones a media asta. Él se sentó al borde de la cama, no tenía equilibrio suficiente para aguantar esa boca entre sus piernas. Le agarró la cabeza y apretó hasta sentir el placer en el fondo de aquella mágica garganta. Aún quedaba noche, ella decidió agarrarle las muñecas y tumbarlo en la cama y a gatas recorrió su cuerpo hasta llegar a sus labios, puso el clítoris a la altura de su lengua para terminar el baile que dejaron a medias en la discoteca.

El orgasmo era inminente, los gemidos eran un camino a la lujuria y correrse la consecuencia de una noche loca.

La música sonaba de película.

Casi temblando bajó sus caderas hasta encontrar el arma del pecado. Abrazó el deseo con suavidad y dejo que entrara como un niño tirándose de un tobogán. No fue difícil, la saliva y aquella humedad dejaron una orilla perfecta para perderse mar a dentro. Él se retorció en un espasmo sintiendo cada centímetro de su piel observando cómo entraba en aquella mujer preciosa. Apretó sus pechos. Y de una embestida decidió que el resto entraría de golpe. Como un Juez levantando sesión. La sentencia era firme.

La noche prometía, sería inolvidable.

NETFLIX

Era día de cervezas, palomitas, porros y Netflix. La serie era entretenida, aunque mirándola a ella poco interés me suscitaba. Di un trago al culo de mi cerveza, la suya aún en la mitad, me dispuse a levantarme para atracar el frigorífico y robar otra cerveza que aplacara mis nervios pero me detuvieron a tiempo, me agarró por la muñeca con una mano, con la otra agarró su botellín a medio beber y cuando pensé que se dirigía a su boca, me soltó y se levantó la falda, no llevaba bragas, que precavida, torció su muñeca mientras una sonrisa pícara dibujaba su cara y derramo aquél oro líquido por debajo su vientre dejando que aquel río llegara a desembocar en su playa, mi cara era un poema, no daba crédito y sin recomponerme, aún atónito, me suelta: —Bebe.

Este no era mi plan y con los dedos como gelatinas, agarre lo poco que quedaba del porro casi con las uñas, le di una calada y casi sin terminar de echar todo aquel humo, ella comenzó a ponerse un dedo en el clítoris, bajé mi cabeza y me agarró del pelo suave, ya no tenía escapatoria, acabaría borracho si o si. Saqué mi lengua para lamer aquella locura, cerveza en el coño de aquella preciosidad, no sabía en qué momento despertaría del sueño, pero os juro que cuando mi boca se dispuso a calmar la sed, pude escuchar gemir aquella sirena y acabé en coma erótico.

LAS DOCE

Era casi las doce, vi esas curvas venir hacia mí en línea recta, se acercaba como una pantera en la oscuridad, sin hacer ruido, como quien va a cometer un crimen. Se detuvo a dos metros, deslizó con sus dedos de fuego aquel vestido blanco hasta dejarlo caer alrededor de sus tobillos. Ella era firme en sus decisiones y sutil en sus movimientos, dejó caer el aquel trozo de tela al suelo suavemente, mientras yo subía al cielo a la velocidad del rayo, y sin paracaídas.

En ningún momento dejó de sostener una copa en su mano derecha, cual funambulista, copa que por cierto derramó en mi pecho, y no por torpeza, fue premeditado, avanzó exactamente un metro y noventa y nueve centímetros, dejó justo uno de distancia para que su lengua pudiera salir de aquella cueva y relamer aquel accidente.

Ella sacó su legión de demonios rebeldes de aquella boca que provenía del mismísimo infierno, o de un paraíso en llamas, yo solo pude bajar la guardia y dejarme hacer, no había ángel que me salvara del fuego.

AQUEL DÍA

Aquel día perdimos, el norte, la ropa y el amor, buscando el deleite en nuestros cuerpos, y como siempre se nos fue la lengua al cielo y los gatos al tejado.

Parecía otoño en pleno verano, era de esas tardes raras que se dan dos veces en agosto impregnadas de melancolía, con un frío que se pega en las mejillas, pero sin traspasar el hilo que nos protege.

Pero lo nuestro no era bonito de recordar
y para que joderlo ahora que no nos debemos nada.

Al rato sonó nuestra canción, y no hubo mirada que resistiera el carmín rojo de los que no dejan marcas, me plantó un beso de cristal, frágil, parecía un beso que se podía partir el aire. Minutos después habíamos perdido la cordura en un baile, sin miedo a tropezar, con la de veces que nos hemos caído, pero caerse dos veces sobre la misma piedra también es humano y caerse dos veces en el mismo coño también, pero sus caderas son un error que quería volver a cometer a toda costa.

EXTRA

- Tu vas a lo prohibido y yo me excito sin control.

- Para cambio climático, mi cuerpo al verte.

- Todo el mundo tiene un secreto y más de cien pecados.

- Quiero escupirte sucio para limpiar los complejos de tu cuerpo.

- Hace una luna para estar follando como lobos.

- Si te tiemblan las piernas al recordarlo, es el ideal, no lo pienses.

- Pensamos más de lo que follamos.

- No es lo mismo pensar en sexo que pensar con la polla.

- En tu vientre yace el Triángulo de la Bermudas donde no me importaría desaparecer para el resto de mi vida.

- Tengo el corazón a punto de correrse por ti.

- Follar dejando huella, no heridas, eso es follar duro y no siendo un bestia.

- A mí una risa me pone cachondo.

- Soy imperfecto en el amor y en el arte de follar.

- El mayor orgasmo está en tu boca.

- El problema no está en que la sangre se te vaya a la polla, está en que también se te vayan a las neuronas y te comportes como un puto animal en celo.

- No es lo mismo ser un demonio con patas que tener el demonio entre las patas.

- Los vicios nunca van a menos.

- Sexo apocalíptico. Hacerlo como si se fuera a acabar el mundo.

- Tienes un coño para recitar poesía sobre él.

- A follar se aprende follando...

- Viólame estas ganas de follarte.

- No soy verso de un solo polvo.

- Sus labios sonrieron al verme, su boca también.

- En el infierno todos han pecado y todos los corazones arden.

- Tu mirada y otras formas de hacer porno.

- Nuestras mentes son perversas y nuestros cuerpos armas cargadas por el diablo.

- Lo bonito de follar contigo es cuando nos reímos sin motivo.

- El sexo es para divertirse, para desahogarse ya está la masturbación.

- Tú y yo nos hemos visto en otro infierno, ¿verdad?

- El morbo no tiene ni pies ni cabeza, es algo que se desprende.

- El olor a fuego reabre un debate continuo entre mis demonios.

- Todo lo bueno se esconde detrás de lo prohibido.

*"...y encontrar tu punto g en la lectura de unos versos perversos, quizás también eso es **poesía** y leer un orgasmo..."*

SABES

Sabes que me encanta la poesía dura
                                  y el sexo
las rimas extremas
las palabras fuertes
y los azotes al diccionario.

Sabes que terminar en tu boca
es puro orgasmo.

Por eso escribo
para que me leas en voz alta
para que gimas en mis versos
para que tus labios me reciten
para que tus dedos se deslicen
para que te corras en mis letras

                          bajito y en silencio.

ÉRAMOS LOCOS Y ANSIOSOS

Nos pudo el ansia
y nos sobró tiempo en pocos minutos.

Nos pudo la sed
y nos bebimos el placer del momento.

Nos pudo el hambre
y nos comimos la mirada en segundos.

Nos pudo el vicio
y nos apostamos hasta los orgasmos.

Nos pudo el deseo
y nos follamos como si fuera la última vez.

Nos pudo el amor
y nos quisimos hasta corrernos.

OASIS

Hay un oasis en tu ombligo
como epicentro de todos mis deseos
como el cráter de la Tierra de Wilkes bajo tus pechos
como el kilómetro cero de todas mis perversiones
como Madrid abriendo sus puertas
como la Libertad sin ser estatua
en las calles de Manhattan
como el punto de partida
de todos los caminos que vienen de Roma
como el nacimiento de una nueva Grecia sin dioses
                                    pero contigo.

PAREMOS EL MUNDO

Paremos el mundo, ahora sí,
paremos y soñemos desde nuestro lecho,
respiremos de forma violenta
por si se acaba el aire ahí fuera.

Agárrate el corazón con fuerza
que los orgasmos vienen de levante
y ese viento siempre te vuelve loco.

Bésame la piel, el alma y los testículos,
desluce ese maquillaje sobre mi camisa,
sabes que me encantas natural como la vida.

Afloja las piernas,
no te pongas tensa,
esto es solo el principio
y ya llevas tres avisos.

Parar el mundo no es cosa de niños, ya te lo dije.

Pero ven. Acerca tu oído.

Pienso saltarme todas las normas contigo,
esta noche,
rimaré libre sobre tu piel.

AL CALOR DE LOS PECADOS

Lo siento mi amor
no sé vivir en el cielo
me siento más cómodo
aquí entre las llamas
en este puto infierno
con mis demonios fuera.

Este es mi sitio
al calor de los pecados
al margen de la ley
y de lo moral.

Aquí es donde quiero estar
fuera de toda ética posible
donde impera el mal
y somos invencibles.

Por si no lo entiendes.

Contigo quiero mis alas quemar
contigo quiero volar
contigo quiero pecar
contigo quiero arder
contigo quiero perder
lo poco que me queda de cordura
pasar de la compostura
        y dejar que el fuego sea nuestra cura.

LENGUA

Voy a comerte el corazón
empezaré entre tus piernas.

> … y así es como se escriben las mejores historias de amor,
> con tu clítoris sobre mi lengua…

MALTRATARTE BIEN

Que ganas de maltratarte bien.

Has leído correctamente.

Maltratarte, pero bonito.

      Rodear con fuerza tu cintura
no es violencia
es el deseo de pegarme a ti con todas mis fuerzas.
      Un toque en tus mejillas sienta bien
si estas entre mis piernas.
      Tirarte del pelo no es una humillación
si estas a cuatro patas y me miras con esa cara de vicio.
      Un bocado en el cuello no es canibalismo
son las ganas que tengo de comerte.
      Azotarte el culo no es un castigo
ni un pellizco en los pezones es una tortura.
      Atarte es solo un juego,
no un secuestro.
      Chillar no es un aviso de socorro
ni escupirte una vejación si es consentido por los dos.

      Me muero de ganas de maltratarte bien
y eso no es delito, es un placer de mutuo acuerdo
que solamente entendemos tú y yo.

MAGIA CON EL AIRE

Haces magia con el aire
cuando me respiras en la nuca.

Haces magia con las manos
cuando bajan entre mi piel y el pantalón.

Haces magia con tu boca
cuando muerdes y te vuelves loca.

Haces magia con tu cuerpo
cuando se aprieta contra el mío
al son del mismo baile.

Haces magia en mis sueños
cuando apareces
y desapareces como si nada.

Quizás los magos tengan razón
y todo está en la mente.

PIDO FIESTA

Bailaré en tu boca
como quien pide fiesta
con esas ganas de vivir y matar la noche.

A solas.

Contigo.

SOY PALABRA

Soy la parte tierna
y callada de una puta.

Soy la parte dura
y rota del corazón de una dama.

Soy la parte perversa
de una fantasía a media noche.

Soy el último mensaje antes de dormir
un poema en un libro con intenciones.

Soy lo que lees en tus sueños
soy palabra, solo palabra
y sin ti no soy nada.

A TODO DE TI

Soy adicto a tus adicciones,
vicioso de tus vicios,
perverso en tus perversiones.

                    Soy sexo de tu sexo.

Soy adicto a todo lo que te gusta,
a todo lo que me gusta,
a todo lo nuestro.

QUE RICO DEBE SER SUDARTE

Que rico debe ser sudarte
por cada poro, excitados
de placer.

Que rico debe ser sudarte
en la cama, en el coche,
en la estación de tren.

Que rico debe ser sudarte
por los ojos, por la boca
hasta por la planta de los pies.

Que rico debe ser sudarte
por mis manos, por tus dedos
acariciando todo mi ser.

Que rico debe ser sudarte
y sentir en mi cuerpo
todos los mares de tu piel.

BOMBA

Hay una bomba en tus labios
que quiero desactivar con mi lengua,
prometo equivocarme de cable
y explotar juntos.

MI RELIGIÓN

Me bautizas con tus labios.
Hago catequesis en tu cuello.
Comunión en tus pechos.
La confirmación en tu cintura.
Tu vientre un ave maría.
Un confesionario en tu espalda.
Tus piernas el camino al Vaticano.
De rodillas rezo el padre nuestro.
Una boda en tus caderas.
La misa de los domingos entre tus piernas
y en tu boca la tierra prometida.

No sé si existe dios,
pero tú eres mi diosa
mi religión.

LEYENDA

Vamos a follarnos hasta el aire de los dos
con nuestras bocas,
hasta la saliva de nuestros labios.

Follemos en frío que llega el calor,
follemos caliente que hay hielo.
Hagámoslo despacio si hay prisas,
hagámoslo rápido si hay tiempo de sobra.

Follemos sin mirar al pasado, sin futuro, duro,
follemos hasta reventar la garganta sin voz,
hasta callar gritando,
hasta que los oídos pinten de silencio.

Follemos hasta desvestir la cama
para hacerlo en el suelo
y tocar tierra si volamos.
Follemos hasta vestir de deseo las almas
y quitarnos la ropa con ganas.

Follemos con amor si te atreves,
hagamos el amor follándonos con vicio
que tú y yo seremos leyenda, no un mito.

SIN ESCRÚPULOS

El sexo mejor sin escrúpulos,
duro, violento,
la sutileza y el tacto
para las tiritas de los amores rotos
para que no nos sangre la vida.

Dejemos la elegancia para la cena si quieres
y el vino para la torpeza, si bebes.
Para que de golpe y porrazo
manche tu camisa blanca de colección
como si fuera un accidente o una excusa.

Para que me lleves a tu casa
para que te cambies de ropa o te quedes sin ella.
Para fingir que estoy borracho.
que así no puedo conducir.
Para tener un bonito motivo
y quedarme aquí contigo.

Para hacértelo como en el fin del mundo
si me dejas.
Y mañana te hago el desayuno,
te curo esos miedos de tu boca,
con besos, por supuesto
y si quedan fantasmas, los mato.

Que el sexo violento, pero el corazón no se toca.

BEBERTE BORRACHA

Quisiera beberte borracha y no tener resaca de ti.

Quisiera beberte a sorbos para olvidarnos de todo
y pensarte de cero una y otra vez.

Quisiera beberte hasta terminar recordándome
que no vuelvo a beber(te) más.

Que yo ya me desintoxiqué de ti,
pero vuelvo a caer en la trampa
cuando me olvido que te olvidé.

No quiero más bares.

Quiero vomitar, pero no puedo.
No quiero que me duela el cuerpo,
la cabeza y el corazón de tanto bailar
de tanto que nos bebimos.

Por favor pídeme otra copa
                                        y vete.

DESORDEN

La ropa
siempre mejor en el suelo,
desordenada,
como nuestras cabezas.

La cama
siempre mejor deshecha,
como nuestras vidas,
aún por hacer.

SABES QUE

Sabes que me gusta estar de pie
mientras estás de rodillas.

Sabes que me gustas contra la pared
y relamer tus heridas.

Sabes que me gusta agarrarte
mientras te tiemblan las piernas
y aprieto los dientes.

Sabes que me gustas encendida
llena de placer y das luz
por momentos a nuestras vidas.

Sabes que vas a desaparecer
como la otra vez
y cuando abra mis ojos
              no habrá beso de despedida.

CACHONDO

La poesía
me pone
cachondo,
los silencios
inquietos
también.

QUERÍA

Ella quería bajarme la cremallera
y aparcar en mi erección.

Yo quería bajarle la falda
y subirme a su cintura.

Ella quería su lengua en mi cuello
y saborear mi perfume.

Yo quería mis dedos sobre sus labios
y respirar sus deseos.

Ella quería jugar
y yo rompí las reglas.

Ella quería sentirme dentro
y yo correrme fuera.

BUSQUÉ

Te busqué entre cuentos y alguna novela
pero encontré tus ojos a mitad de camino
y me olvidé del teatro.

Entiéndeme no podía perder la oportunidad
de hacerte poesía entre mis manos.

Tu manera de follar debe de ser historia del mundo
y estudiarse en todas las universidades.

Tienes que pasar a la alta literatura consagrada
solo apto para un público selecto.

Esos labios no deben ser leídos por cualquiera,
ni de cualquier manera.

Tengo un hueco en mi estantería
por si estas interesada,
prometo escribirte para inmortalizarte
juro que no serás libro de un solo polvo.

Ni verso olvidado.

UNA REVOLUCIÓN

Si me tiras a la cama
de un abrazo
con esas ganas
y me besas

te prometo
empezar una revolución
sin ropa.

TIEMBLO

Aún tiemblo ante tu silueta borrosa
en mis recuerdos.

Aún tengo aire tuyo en bolsas de oxígeno
para cuando te pienso.

Aún tengo saliva en mi boca de las veces
que compartimos labios y secretos.

Aún guardo los versos de musa
en mi libreta de colegio
y una braga en el cajón
no me preguntes porqué.

Aún guardo tus ojos en fotos
y me gusta pensar que me miran
mientras duermo
o me masturbo.

Mientras te sueño
o fantaseo con nuestro reencuentro.

Aún imagino que apareces desnuda
y te hago poesía desde la cama
como cuando éramos adolescente
y cada cita era como tirarse de un puente
sin paracaídas.

SOY ESE LUNAR

Soy ese lunar del que tanto hablan
aquel que nació en lugar indecente
como obra de arte provocadora
el que habita en tu piel
no apto para mentes perturbadoras.

Algunas miradas se cruzaron conmigo
y hay quien tuvo la osadía
hasta de estremecerme con sus dedos.

Cierto que hubo personas despistadas
que ni se percataron de mi existencia
pero para eso estás tú
para mostrarme a quién deseas
tu pequeña arma de seducción
algunos ni se atrevieron a hacerme poesía
malditos cobardes.

¡Ah! y hablando de cobardes…

Echo de menos una boca valiente…
su boca.

CÁMBIALO

En vez de besar pon morder
en vez de acariciar pon arañar
en vez de tocar pon azotar
en vez de lamer pon chupar
en vez de respirar pon suspirar
en vez de deseo pon lujuria
en vez de jugar pon perversión
en vez de amor pon sexo
y toda esa poesía romántica
será un cuento porno para los puristas.

CARA DE ÁNGEL

Tienes cara de ángel
y guardas el infierno en tu cuerpo de seda
esa mirada de cielo me suena
como un recuerdo de fuego entre tus senos.

Mis manos cumplen tus deseos a rajatabla
ya tengo una bajo la falda
y la otra en el corazón.

Tu cuello, es un limbo donde quedarse o morir
una estación de primavera
que quiero vivir sin flores.

Tú eres ese lugar sagrado
del que todos hablan y nadie sabe
el epicentro de todo pecado
donde todo comenzó a arder
la llama prohibida
para los que no entienden nuestra razón de ser.

Tú, que me regalas una sonrisa de niña perversa
mientras los demonios recitan versos
y el mundo espera su fin.

Yo, que lo único que quiero es vivir el apocalipsis,
junto a ti.

MAPA DE GUERRA

Su cuerpo era un mapa de guerra
donde mis dedos buscaban trinchera
y un lugar de paz.

La única estrategia era
disparar besos a campo abierto
sin importar morir
con el pecho descubierto.

Era como jugar al Risk,
puse todo mi talento
y mi armamento erecto
sobre aquel territorio sin control.

Esquivé granadas y miedos
desembarqué en la orilla del sexo
y atravesé su río,
sus montañas, su volcán
y maté a todos los demonios de la ciudad.

Me adentré en su cama como un kamikaze
el campo de batalla era menos hostil
                                   desde su boca
saqué bandera blanca
y cuando todo parecía en calma
ella quería seguir con la guerra
porque me dejó entrar
              pero nunca se dejó conquistar.

LOBO

Cuánto más noche
más lobo aúllo alrededor de su cuerpo
oliendo su piel caliente.

Afilo el diente con el ansia
de quien se sabe cerca de su presa
como quien sabe que algo está a punto de pasar.

Cuando llega la hora me basta con olfatear
y relamer sus heridas
para desnudarla
y hacerla sentir una niña
que juega entre animales
                                    aunque en esta jungla
                                            mande yo.

EMOCIONES

Aquí me tienes desnudo de emociones.

¿Ahora qué?

¿Vas a apuntar al lado derecho?

Te lo pondré fácil,
si aprietas me visto y me voy a otro lado,
si bajas el arma,
prometo guardar silencio en esta cama
hasta que la tormenta
nos haga del cuerpo un desastre natural.

SUCIO

Lo haremos sucio
sin control
sin respeto
sin límites.

Follando como locos
enfermos
desesperados
violentos
sin normas
sin leyes.

Desgastando nuestras manos
nuestras lenguas
nuestros cuerpos
nuestras almas
nuestras pieles.

Hagámoslo gritando
ansiosos
impulsivos
desterrados
esclavos
y sumisos.

Después si quieres
paseamos por la ciudad
llamamos a la luna
bebemos en algún bar de after
nos jugamos nuestra fortuna
y bailamos sin parar
hasta vencer la cordura.

Si quieres recitamos poesía
y nos tocamos el corazón, —
pero antes
follamos.

UN BESO

Necesito un beso
de esos que saben a ti
a labios rojos
a piel desnuda
a buenas noches
a sexo suave
a chocolate caliente
a manos traviesas
a miradas cómplices
a silencios sostenidos
a juguete roto
a corazón erecto
a saliva cortada

necesito un beso ya,
el tiempo
puede esperar.

EMPAPAS

Empapas la ciudad
mojas la ropa de los despistados
te vas y vienes
nunca en silencio
traes recuerdos
nuevas historias
desapareces
nadie te predice con exactitud
eres como lluvia
eres como agua
eres tú.

DESASTRE NATURAL

Ni un tornado tiene la fuerza de tu aliento suave sobre mi cuello, sabes, me encanta sentirme viento sobre tu boca y tú eres como ese desastre necesario para el mundo.

Para nosotros.

Lo peor es que mi único refugio eres tú, la misma que avecina tormentas, y que tapa el sol con sus encantos de agua.

Mi cuerpo no está para chubasqueros, no me importa que me mojes, bailar bajo la lluvia siempre fue bonito. Tampoco le tengo miedo a tu lengua de fuego porque tú me haces volcán, mi sangre entra en erupción cuando la vida necesita inmortalizar el momento y sorprendernos por la espalda.

Somos un terremoto. No sé si los vecinos aguantarán nuestras sacudidas, pero espero que nuestras placas tectónicas no paren de chocar. Me importa poco si se cae la ciudad y nos hacemos escombros.

Nos encontraremos entre las ruinas.

                     Pero antes nos haremos polvo.

AMOR PROPIO

Por vicio o por amor propio.

El único momento que tú decides cómo y cuánto placer quieres.

El único amor que jamás deberíamos perder.

El único amor que no debería estar prohibido.

Masturbamor.

ACUÉRDATE

Acuérdate que en tus pechos clavé bandera
en el lado izquierdo para dejar huella
y pise tus miedos en la luna.

¡Houston!, cero problemas.

Acuérdate que siempre quería acabar dentro
donde los placeres se vestían de algodón
y las primaveras venían sin alergia.

Acuérdate que tu boca era un juego sin normas
y que nunca temimos romper las reglas
si nosotros no somos de medir.

Acuérdate en que parte de tu cuerpo
me sentía más poeta
sin importar donde acabaría la rima
o si ni si quiera aquello era poesía.

Pero tu cuerpo era mágico y eso bastaba.

FOLLEMOS SIN COMPLEJOS

El sexo en es un acto de valentía
aunque parezca fácil
y se nos llene la boca de los buenos ratos.

Hace falta valor y poco pudor
para desnudarse a ciegas o a sabiendas,
en la intimidad o públicamente
              (El morbo es el morbo)
ante otra persona
                    (o las que sean)
y entregarse al placer sin complejos.

Déjate de tonterías
tengas barriguita cervecera
o un culo carpeta,
o un pene de perrillo,
o unos pies de hormiga
o unos pechos como aceitunas
o como sandias.   *(no solo lo pequeño acompleja)*
¡ Qué más da !
Saca tus mejores armas y a follar.
Hay que ser valientes y hacerlos sin complejo.

Quién te desea, te desea con todo. Bueno o mejor.

POSTRE

Si fueras mi postre
después de cenar
acabaríamos haciéndonos
desayuno.

ME MASTURBO A DIARIO

Desde que no estás
visito más a mi copa de whisky
que a mi soledad
la botella sale más cara
desde que no la comparto contigo.

Desde que no estás mis piernas
ya no tiemblan de vicio
mi semen es más oscuro
y mis orgasmos se esfuman sin abrazos.

Desde que no estás
me masturbo a diario
y ya ni si quiera hago por olvidarte
si lo que realmente me apetece es correrme

                      aunque sea en tus recuerdos.

JUEGO EN LIBERTAD

Que la sumisión dependa de tu libertad.
Que la libertad es un placer.
Que el placer es un vicio.
Que el vicio eres tú.

Y tú eres libre.

A FUEGO LENTO

Habitación a 220 grados.

Durante treinta minutos.

Tú y yo.

Sin ropa.

Nuestros cuerpos cocinándose a fuego lento.

A los cinco minutos añade un masaje y deja reposar.

Vuelta y vuelta, y añadir pequeñas dosis de perversión durante diez minutos.

Échale imaginación y vicio.

Diez minutos más tarde estará todo listo para comernos sin cubiertos.

Y como las buenas recetas, el secreto no te lo digo, pero quien prueba, repite.

MUERO

Muero por acariciar tu piel desnuda
bajo la ropa,
        caliente.

Muero por lamer donde la respiración
se hace fuerte,
        suave.

Muero por deshacerme de las ganas
de sentirte,
        duro.

Muero por doler de placer
y arañarte sexo y vida
para sobrevivir
        en todas tus esquinas.

INMIGRANTE EN TU CUERPO

Mis manos ya pasaron
por la aduana de tus pechos.

Tu ombligo es la próxima estación,
allí clavaré un beso como bandera
y cuando bajes la guardia
saltaré la frontera
y me haré un hogar en tu vientre.

FOLLAR POR NO AMAR

No se lo pensó dos veces
folló y le dio una patada.

*¡Ni hablar del amor
fuera de mi casa!*

*¡Para que quiero mariposas
si luego le quemarás las alas!*

Prefirió follar y no amar.

*Adiós, encantada
pero a mi corazón no se llega
desde la cama.*

ANIMAL

A una mujer que le gusta el sexo
no es una guarra.

A una mujer que le gusta el sexo
es un tesoro.

Otra cosa es
que no estés al alcance de tal riqueza
y despotriques por la boca tu rabia animal.

VIAJE

Compré un billete de ida,
el de vuelta estaba en su cama.

Así volví a casa
sin ver la ciudad encantada.

No hubo tiempo para visitas de museos
pero pude ver como sus lunares
eran obras de arte
sobre aquel lienzo rojizo y suave.

No vi ninguna fuente mágica
pero pude mojarme en su cuerpo.

El paisaje que buscaba lo divisé
desde sus pechos mirando a su ombligo
aquello parecía un desierto salvaje
lleno de aventuras a punta de pistola.

Poco importaba si las calles tenían historias.

Ella me enseño todos sus rincones
sin soltarme de la mano, ni de la cintura
para follarnos públicamente
y hacer del viaje
una locura.

ME GUSTA

Me gusta cuando me perviertes,
te pierdes
y me muerdes.

MANO INOCENTE

Una mano inocente busca refugio en cuerpo ajeno
buscando un lugar seguro donde perderse.

Unos ojos brillantes se esconden
detrás de unos párpados cerrados
que buscan unas luces
que vayan en dirección a Marte.

Una boca se acerca a otra
como quien propone un juego,
un reto o una proposición indecente,
quien pierde, besa primero.

Una piel desnuda desea vestirse de sudor
y encuentra el calor en el volcán que yace a su lado
mientras suda lava para crear un camino perfecto
hacía el infierno sin pecado.

Una máscara oculta vergüenza al calor de una vela
bajo el manto de la inocencia.

Al mismo tiempo el deseo
hace del carnaval de Venecia una orgía entre dos
y deja de ser un juego de disfraces para ser un vicio
inconfesable ante los ojos de cualquier Dios.

UN INSTANTE

Tu cuerpo bailaba y bailaba,
suave
bajo las sábanas
cuando acabó la canción
ya me encontraba a solo un instante
de hacerte vibrar
                        a un solo instante
de deslizar mi boca entre tus piernas
de tocar la melodía de mis labios sobre tu coño
                                para volver a verte bailar
                                        hasta volar.

LOS POETAS

Los poetas somos pervertidos
desnudamos almas,
penetramos mentes
buscamos el placer en las palabras
follamos desde cualquier verso
y hacemos poesía para llegar al orgasmo.

CON ELLA

Con ella alcanzó los brazos de Morfeo
antes del amanecer.

Con ella puse todo su ejército en pie de guerra
estremecí su vida, su sexo y encendí su fuego.

Con ella llegó la paz a su cuerpo
tembló con los ojos cerrados
contempló un tiempo infinito
y voló dónde quiso volar.

Con ella relajó su alma,
entré hasta el último centímetro de sus entrañas,
empapé su placer, viajamos por el mundo
 y a veces hasta se corrió sin esperarlo.

Una simple caricia
y aquello parecía un espectáculo de pirotecnia.

ANIMALES

Follamos
como conejos
como perros
como cerdos

Todo somos un poco animales
cuando se trata de sexo.

APRENDER A INTERPRETAR

Aprendí que todo en la vida, para creer, no basta con ver, hay que tocar.

Aprendí que el silencio habla más de la cuenta y hablar por hablar era estropear aquella bonita tarde sin ruidos.

Así que tuve que aprender a interpretar sus movimientos de cejas, aprendí la velocidad a la que arrugaba sus comisuras al reír y la fuerza con la que apretaba el abdomen cuando le hacía cosquillas. Me aprendí de memoria sus lunares sin ni si quiera otear el paisaje.

Era guapísima, al menos la sentía así al tocarla y poco a poco mis manos mudas descifraron el lenguaje oculto de su cuerpo, aquel cuerpo que hablaba sin mentiras, como debe de ser.

También tuve que aprender que cuando me mordía la oreja es que se estaba corriendo y que si lloraba mis manos estarían limpias y secas de cualquier miedo.

Es un lenguaje complejo, pero aprendimos nuestra propia lengua, la lengua de un amor ciego.

ME PONGO

Me encantas cuando me vuelves loco
me pongo
me toco
me escondo
me rozo
me rompo
me corro
y exploto.

RECUERDAS

Recuerdas sus besos, sus manos y su piel.
Recuerdas su voz su aliento y su forma de suspirarte.
Recuerdas sus gemidos, su mirada eterna y cada uno de sus lunares.
Recuerdas su olor, su camiseta y la manera de tocarte.
Recuerdas sus carcajadas, su pelo y su postura favorita al dormir(te)
Recuerdas cada canción, cada rincón, cada escalera, cada paso, cada gesto, cada uno de sus chistes malos y perdona si esto te molesta y te lo recuerda, pero si es así , estas jodido.

PARA ELLOS

Somos los hombres que soñábamos con las portadas del Playboy cuando éramos niños. La gracia y la risa del recorte de una teta de revista en el cajón.

La inquietud de una imaginación que volaba con cualquier pezón a la vista o cualquier cosa que enseñara dos centímetro de piel.

Los que buscábamos adultos que nos comprara el Interviú.

Somos los hombres que soñábamos con las hermanas de nuestros amigos o con cualquier enfermera de falda corta.

Los que descubrimos la mejor época del destape en televisión y queríamos playa por si alguna loca nos hacía un topless con descaro.

Somos los hombres que soñábamos con Nadiuska, Pamela Anderson o Madonna.
Cualquier Diosa famosa rebelde nos hacía volar en nuestras primeras pajas.

Somos los hombres que descubrimos el sexo por primera vez cuando el Canal Plus codificaba las películas porno de los Viernes.

Somos los hombres que con internet naciendo a velocidad de 56k traficábamos con diskettes de fotos descargadas de "petardas.com". Hoy es muy fácil todo.

Pero nosotros somos los hombres que descubrimos la magia del sexo a escondidas, prohibido, para mostrar hoy al mundo que no estábamos tan salidos.

Que era cuestión de tiempo que el mundo se sexualizara.

PARA ELLAS

PUTA, más que puta, puta por ser libre, por no prostituir tus ideales ni tu tiempo en ser la puta esclava de la casa.

Pero que puta eres por vestir de esa manera provocando a mentes enfermas que ven más allá debajo de tu falda.

Guapa, pero debes ser muy puta por ser simpática en tu trabajo o por abrazar demasiado a tus amigos, el cariño se paga caro, intenta besar en la mejilla a quince centímetros por si parece lo que no es.

Pero que puta eres, no te enteras que acostarse con quien deseas es demasiado liberal, que aún es tabú, que te van a quemar en la hoguera por un calentón, públicamente, como a Juana la Loca, aunque para loca ya estás tú que no te escondes, que bailas con quien quieres y decides quien te acompaña a casa, porque las mujeres son putas si son libres pero el hombre es un campeón eh…

PD: Amo esa clase de mujer puta, guerrera, con hambre y ganas de soñar, que con dos dedos se masturba y con uno calla la boca a todos.

PARA TODOS Y TODAS

No sé cómo hay gente que le gusta tanto el sexo. Yo particularmente siento asco de dos cuerpos sudando, salpicando todo a su alrededor.

Asco de tener que meterla ahí, hasta las entrañas con todo eso de ahí abajo húmedo y viscoso. Esa mezcla de fluidos, que saben a vicio del malo, del que te droga y hablo como hombre, si fuera mujer, diría que vaya porquería un trozo de carne en plan gelatina que luego se endurece y parece más un embutido que algo sexual.

¡Qué asco ese semen en la boca o esa penetración anal!

Dios, de verdad, que asco de follar, y cansado que es, que después te quedas desbastado y con esa cara de gilipollas tragando techo como si no existiera más nada que los segundos de placer anteriores, como si la vida tratase solo de eso.
Y encima te dicen que tienen ganas de más.
Uff, pereza y asqueroso de verdad.
Sois unos malditos degenerados, no sé como os gusta follar con lo repugnante que es tener que compartir tu tiempo y tu intimidad, así sin más, por puro placer con alguien que a saber…
pero como decía un amigo mío " que asco más rico".

EXTRA

- Vamos a follar como adultos y a amarnos como niños.

- Se me pone la piel erecta cuando me besa.

- Tu voz es más bonita cuando gimes así de cerca, a la distancia mínima de tu boca a mi oído.

- Sobreviviremos a las ganas, pero nunca al roce.

- Si no quema no es suficiente, la piel tiene que arder.

- No existen orgasmos sin espasmos, que no te engañen.

- Un sabio me dijo: folla, folla todo lo que puedas, mientras tanto, vive.

- Si haces que se muerda el labio, es que los miedos han desaparecido.

- Negociaremos los limites de tu cuerpo y el mío en la cama, desnudos, como se negocia el buen sexo.

- Cuánto más luna, más lobo.

- Todos somos vírgenes hasta que te folla quien debe.

- Ni las putas tienen horario ni los cabrones edad.

- Follad, follad mucho y disfrutad todo lo que podáis que los problemas vienen solos y ya tendréis tiempo para llorar.

- Somos ángeles tentados por el mismo demonio. Hijos del mismo vicio.

- Un buen polvo no te quita las penas, pero te da una alegría.

- Los escritores penetran con palabras lo que otros no pueden con la polla.

- Si grita, pueda ser mentira. Si tiembla puede estar fingiendo, si se moja, hay verdad en esa mujer.

- Hay una fiesta en tu boca que no me la pienso perder.

- Permíteme ser loco en tu cuerpo y arrasar con la cordura esta noche.

INDICE

Prólogo 7
MICRORRELATO(X)
Princesas 9
Ahogando cicatrices 10
Por sorpresa 11
Bangover 12
Mi estancia 14
Otra vez 15
Un juego 16
Punto exacto 17
La camisa del revés 18
Frágil 19
Inevitable 21
Habitación desnuda 23
Una bala 25
Nada de jueguecitos 27
Caperucita 28
Combate del siglo 30
Sabes a perversión 32
Borrachos y desatados 33
Netflix 35
Las doce 36
Aquel día 37
EXTRA 38
POESÍA
Sabes 42
Éramos locos y ansiosos 43
Oasis 44
Paremos el mundo 45
Al calor de los pecados 46
Lengua 47
Maltratarte bien 48
Magia con el aire 49
Pido fiesta 50
Soy palabra 51
A todo de ti 52
Que rico debe ser sudarte 53
Bomba 54
Mi religión 55
Leyenda 56
Sin escrúpulos 57
Beberte borracha 58
Desorden 59
Sabes que 60
Cachondo 61
Quería 62
Busqué 63
Una revolución 64
Tiemblo 65
Soy ese lunar 66
Cámbialo 67
Cara de ángel 68
Mapa de guerra 69
Lobo 70
Emociones 71
Sucio 72
Un beso 74
Empapas 75
Desastre natural 76
Amor propio 77
Acuérdate 78
Follemos sin complejos 79
Postre 80
Me masturbo a diario 81

Juego en libertad	82
A fuego lento	83
Muero	84
Inmigrante en tu cuerpo	85
Follar por no amar	86
Animal	87
Viaje	88
Me gusta	89
Mano inocente	90
Un instante	91
Los poetas	92
Con ella	93
Animales	94
Aprende a interpretar	95
Me pongo	96
Recuerdas	97
Para ellos	*98*
Para ellas	100
Para todos y todas	101
EXTRA	102